pour

Un pruneau dans la citrouille !

Avec nos Amitiés -

Ewa

Daniel MAJA

Du même auteur

Rêves de dromadaires
La Joie de lire

En route pour hier
J'aime lire

L'Allergie de la reine
et
L'Enfant de l'amour
Syros, coll. « Souris rose »

Du même illustrateur

Les Aventures de Simplicius
et
Fifi Brindacier
Hachette

Contes de la Sorcière verte
Nathan

Le Capitaine Crampon
Messidor

L'épouvantail qui parlait trop
et
Il était une fois
Sorbier

Martine Dorra

Un pruneau dans la citrouille !

DESSINS DE DANIEL MAJA

Seuil

COLLECTION DIRIGÉE PAR NICOLE VIMARD

OUVRAGE PUBLIÉ PAR XAVIÈRE GAUTHIER

ISBN 2-02-016466-3

Pour Jim,
pour Raphaël.

AU BEAU VERGER
Pépin Poirier

Pépin Poirier et sa fille Clémentine tenaient boutique à l'enseigne du « Beau Verger ».

Grande, les yeux en amande, les seins en poire… Une belle plante, cette Clémentine !

Rien à voir avec son père : haut comme trois pommes, la tignasse poil de carotte encadrée d'oreilles en feuilles de chou, un poireau sur le nez, et vraiment pas la ligne haricot vert…

Clémentine Poirier

Pépin était laid, mais c'était une bonne pomme qui n'arrêtait pas de se fendre la poire.

Ce jour-là, Clémentine portait une robe abricot à petits pois verts, qui mettait en valeur son teint de pêche.

Pépin Poirier déchargeait des cageots qu'il avait rapportés des halles.

– Les fraises valent des nèfles, les nèfles valent des cacahuètes ; si ça continue, on travaillera pour des prunes. Ce n'est pas cette année que je vais faire mes choux gras !

– Ça m'est égal qu'on n'ait pas un radis, papa, on a une vie aux petits oignons.

– À propos d'oignons, les miens me font mal, le temps va changer.

– Qu'est-ce que c'est que ça ?

Un des cageots était recouvert d'une vieille feuille de chou. Pépin la souleva, découvrant des liasses d'oseille.

– Je sens venir un pépin pour ma pomme, grogna-t-il.

c'est du blé ou de l'oseille ?
TRANSE-SOIR
c'est la fin des haricots !

Un petit camion s'arrêta en double file devant la boutique.

– Déjà Fernand ? Il est drôlement en avance aujourd'hui.

Fernand venait chaque jour récupérer les cageots vides.

Mais, à la place de Fernand, c'est une grande asperge au teint de navet qui déboula dans la boutique.

– Vous remplacez Fernand ? demanda Pépin. Vous arrivez trop tôt…

– Vite, les graines !

– Les graines ?

– T'as le blé, file-moi les graines… T'es dur de la feuille ou quoi ? Je ne vais pas faire le poireau longtemps.

il est mûr
il est cuit

Je travaille pour des grosses légumes, du genre qui n'hésitera pas à te balancer un pruneau dans la citrouille et à t'envoyer manger des pissenlits par la racine, si tu n'es pas réglo.

– Espèce de cornichon, vous ne nous faites pas peur avec vos menaces à la noix ! cria Clémentine.

Et elle balança sur l'homme melons, concombres, pastèques... Matraqué par une courgette, il tomba dans les pommes.

– Il a pris une sacrée châtaigne ! s'exclama Clémentine.

Pépin héla deux aubergines qui remontaient la rue en distribuant des amendes.

– Vite, le panier à salade ! Et qu'ils appuient sur le champignon !

Pendant ce temps, l'asperge ouvrait les yeux.

Penché au-dessus de lui, le visage de Clémentine s'offrait comme une corbeille de fruits : teint de pêche, yeux amande, lèvres fraise, nez abricot.

– Je vous aime !... murmura-t-il. Croquons la pomme.

– Pauvre poire !... Il est dans les choux ! soupira Clémentine en rougissant comme une tomate.

L'inspecteur secoua l'asperge :

– Debout, espèce de courge, les carottes sont cuites. T'as fait chou blanc, mon gars, trafic de graines rares… T'en as pour deux ans au moins à dormir à l'ombre, sur des noyaux de pêches…

– Clémentine, épousez-moi ! supplia l'asperge.

– Quand la poire est mûre, il faut qu'elle tombe !... s'exclama Pépin.

– Oui, mais mariage d'amourette finit en noisette, prédit l'inspecteur.

Clémentine se fâcha :

– Monsieur, je ne suis pas un cœur d'artichaut…

pépin a pris son pépin pour éviter un pépin

Puis elle sourit à l'asperge :

– Mon petit kiwi, je vous porterai des oranges tous les dimanches.

Lexique argot-français pour comprendre **Un pruneau dans la citrouille** *(par ordre d'apparition dans le texte)*

Une belle plante : une belle femme.

Haut comme trois pommes : pas bien grand.

Un poireau : une verrue.

Valoir des nèfles : ne rien valoir, comme le petit fruit du même nom.

Pour des prunes : pour rien.

Faire ses choux gras : bien gagner.

N'avoir pas un radis : n'avoir pas d'argent.

Une vie aux petits oignons : une bonne vie.

Une feuille de chou : un journal pas très intéressant.

L'oseille : un légume, mais aussi l'argent.

Un pépin : un ennui.

Pour ma pomme : pour moi.

Une asperge : une personne grande et mince.

Un teint de navet : un teint pâle, comme le légume du même nom.

Le blé : l'argent.

Dur de la feuille : dur d'oreille.

Faire le poireau : attendre

Des grosses légumes : des gens importants.

Un pruneau dans la citrouille : une balle dans la tête.

Manger les pissenlits par la racine : être mort.

À la noix : sans valeur, idiot.

Une châtaigne : un coup.

Aubergine : le surnom qu'on a donné aux dames qui mettent des contraventions, les contractuelles, quand elles portaient des uniformes mauves. Aujourd'hui, elles sont en bleu.

Panier à salade : le car de police. Sans doute parce qu'on y est secoué !

Appuyer sur le champignon : appuyer sur la pédale d'accélérateur, aller plus vite.

Croquer la pomme : s'aimer. C'est en souvenir d'Ève qui offrit, dit-on, une pomme à Adam.

Pauvre poire : pauvre idiot. On traite de poire quelqu'un qui se fait avoir.

Être dans les choux : être dans l'embarras.

Les carottes sont cuites : c'est raté.

Faire chou blanc : échouer.

Dormir sur des noyaux de pêches : dormir sur un affreux matelas.

Mariage d'amourette finit en noisette (dicton) : un mariage basé sur une amourette ne dure pas longtemps.

Un cœur d'artichaut : quelqu'un qui change souvent d'amoureux.

Porter des oranges : curieusement, porter des oranges à quelqu'un est synonyme d'aller le voir en prison. On l'utilise en plaisanterie uniquement.

Dans la même collection

Alice au pays des lettres
Roland Topor

Le Couvent de sœur Isabelle
Régine Deforges

T'ar ta gueule à la récré
Nestor Salas
Marina Yaguello

Léa chez les diables
Régine Deforges

Léa et les Fantômes
Régine Deforges

Orthographe Ier, roi sans fautes
Nestor Salas
Jean-Pierre Verheggen

Jouons avec les lettres
Massin
(Dessins des Chats Pelés)

Les Tireurs d'étoiles
Azouz Begag
(Dessins de Josette Andress)

1 devinette, ça trompe, ça trompe...
666 devinettes, ça trompe énormément !
André Jobin
(Dessins de Kito)

Papa pirate
Evelyne Reberg
(Dessins de Fabienne Moreau)

Vingt secrets pour apercevoir les fées
Philippe Dorin
(Dessins d'Anita Leclercq)

C'est obligé de dire merci ?
Delia Ephron
(Dessins d'Edward Koren)

Les Diabolo-doc
Anne Iatca
(Dessins d'Isabelle Jarrige)

Pinocchio botté
Luigi Malerba
(Dessins de Susanne Berner)

La Cane de Barbarie
Bernard Clavel
(Dessins d'Anne Romby)

MAQUETTE : SARA VIMARD

PHOTOGRAVURE : CHARENTE PHOTOGRAVURE
IMPRESSION : AUBIN IMPRIMEUR
D. L. OCTOBRE 1992. N° 16466 (P 40625)